MATTHIEU MERIOT

TOUJOURS BRAVE

Éditions BoD

Du même auteur :

Observations et photographies, tome 1 : Photographies enneigées
Éditions BoD, 2018.

Un enfer scolaire
Éditions BoD, 2018.

Les émotions d'une vie
Éditions BoD, 2019.

Parle
Éditions BoD, 2020.

Sentiments positifs
Éditions BoD, 2020.

Je dédie ce nouveau livre à mes proches qui m'ont toujours écouté et soutenu dans mes projets d'écriture.

Mais également à mon éditeur Books on Demand, sans qui rien ne serait possible.

Et enfin, merci à vous d'avoir choisi ce livre !

Matthieu MERIOT

PARTIE 1

NOS DIFFÉRENCES SONT UNE RICHESSE

{Ma naissance}

Je m'appelle Matthieu Meriot.

Je suis né le 6 avril 1999 à l'hôpital de Châteauroux, dans l'Indre. Je vis dans ce département depuis ma naissance.

Aujourd'hui j'ai 22 ans.

{Passionné depuis des années}

Je suis un jeune homme passionné d'écriture depuis des années. Je n'ai pas encore la chance d'en vivre, mais je le souhaiterais ! Je sais au fond de moi qu'il est très difficile de vivre de son art aujourd'hui. Ça existe encore mais c'est beaucoup plus difficile parce qu'il y a énormément de concurrence. Il faut se démarquer des autres et être soi-même pour espérer vivre de sa plume. Pour moi en vivre serait le plus beau des cadeaux !

{Nos différences sont une richesse}

Lorsque j'étais plus jeune et que j'allais à l'école, je pensais souvent que j'étais différent des autres, d'ailleurs je ne comprenais pas pourquoi. Mais en y réfléchissant bien et au fil du temps, je me suis rendu compte que oui, j'ai une différence qui d'ailleurs, ne se voit pas forcément aux yeux de tous. À cette époque-là, j'avais comme un sentiment de solitude et d'incompréhension. Et puis très vite, j'ai compris et appris que je pouvais faire de mes différences une force. Et c'est à ce moment-là que j'ai décidé de me battre pour toutes les personnes différentes.

{S'accepter avec les différences des uns et des autres}

Pour moi nous devons tous nous accepter tel que l'on est. Nous sommes tous égaux, il n'y a personne au-dessus des autres. Je trouve ça dommage de tous se juger constamment. À mes yeux, nos différences sont une richesse qu'il faut apprendre à connaître et à découvrir pour mieux les comprendre et les accepter.

{Oser}

De base, je suis une personne très timide et réservée. Je suis quelqu'un qui n'aime pas se faire remarquer et qui n'ose pas forcément faire les choses. Au fond, je manque énormément de confiance en moi. J'ai besoin d'être constamment rassuré pour être sûr de faire les bonnes choses et ne pas commettre d'erreurs. De toute façon, tout le monde commet des erreurs. Comme on dit, personne n'est parfait !

{Combattre sa timidité}

Il est vrai que quand on a une timidité très importante, nous n'osons pas prendre d'initiative. Pour être sincère avec vous, ma timidité me gâche la vie. J'ai toujours l'impression de mal faire alors que pas du tout. C'est très difficile de vivre avec ce sentiment. Mais la meilleure chose à faire pour moi est de reprendre confiance petit à petit afin de pouvoir faire de plus grandes choses et surtout, être heureux. Ne jamais oublier d'être heureux !

PARTIE 2

MON HANDICAP DEVENU UNE FORCE

{Mon handicap, une force}

Pour en revenir à ma différence. Aujourd'hui, je suis considéré comme travailleur handicapé. Je souffre de ce que l'on appelle un retard mental. Un retard mental c'est quand je mets plus de temps à comprendre les choses. Par exemple, quelque chose qu'on me dit aujourd'hui je peux mettre quelques heures voire quelques jours à le comprendre. Je ne sais pas du tout comment ce symptôme est apparu, mais en tout cas, il y a une chose qui est sûre, c'est que je pense l'avoir depuis ma naissance. Au départ, je n'étais pas du tout conscient de ce que c'était et puis avec le temps et les psychologues que j'ai vu, j'ai compris que mon retard mental est très important.

{Être soi-même avant-tout}

Je ne sais pas vous, mais personnellement depuis que j'ai des différences, je me sens beaucoup mieux en les assumant plutôt qu'en les cachant. Sincèrement, il ne faut pas avoir peur des autres. De toute façon quoi que vous fassiez, vous vous ferez toujours juger. C'est la triste réalité du monde d'aujourd'hui. Je vais vous donner un exemple. Mes livres que j'écris depuis quelques années ne sont pas parfaits. C'est certain. Mais le plus important, c'est de faire ce qui vous plaît. Peu importe ce que les autres pensent de votre art. Il faut prendre les critiques constructives et non destructrices, sinon vous allez vous prendre la tête et être au plus mal à cause de personnes qui n'en valent pas la peine. C'est plus facile de juger les artistes qui font des choses plutôt que ceux qui ne font rien du tout.

{L'écriture est une passion salvatrice}

Pour vous donner un autre exemple, j'ai toujours eu peur du regard des autres. Mais grâce à mon courage, j'ai réussi à m'assumer tel que je suis et aujourd'hui je n'ai plus peur du regard des gens. Je me rends compte que j'ai fait d'énormes progrès. Que ce soit au niveau mental ou au niveau du travail. J'espère que je vais continuer à évoluer comme il le faut. Ce que je trouve dommage, c'est que beaucoup de personnes se privent à cause du jugement des autres mais il ne faut pas se priver. C'est une énorme erreur. La seule chose que vous allez réussir à faire, c'est de vous culpabiliser. Et le but n'est pas de vous faire du mal, mais de vous faire du bien en extériorisant les choses que vous avez sur le cœur. Pour moi, ce qui m'a le plus aidé, c'est l'écriture. Au départ, je cherchais mon style. Je cherchais ce que je voulais écrire. Et puis finalement, j'écris des récits de vie. J'écris ce que je ressens, mes émotions, ma façon d'être, mes différences que j'arrive à assumer aujourd'hui comme mon handicap, mon homosexualité et mes autres "faiblesses".

{Il faut toujours croire en soi et en ses rêves}

Je ne le dirai jamais assez, il faut toujours penser à soi, ignorer les mauvaises personnes et continuer ce que l'on aime. La meilleure solution est de se battre au maximum, de persévérer et de prouver aux gens que vous êtes capable de faire les choses. J'imagine à quel point c'est difficile quand on veut se lancer dans un domaine. Si nous ne commençons pas aujourd'hui nous ne commencerons jamais. Alors croyez en vous, croyez en vos rêves et surtout, croyez en vos capacités. On est tous capables de grandes choses. Il suffit de prendre confiance en soi et de se donner au maximum !

{Mes différences sont devenues une grande force pour moi}

Comme je le disais précédemment, je suis considéré comme travailleur handicapé. Je souffre de ce que l'on appelle un retard mental. C'est à dire que je mets plus de temps à comprendre les choses que les autres. Mais ça ne me dérange pas du tout. On a tous nos qualités, nos défauts et nos faiblesses. Nous avons tous des différences et il faut apprendre à les accepter. Je suis peut-être en situation de handicap, mais je suis quelqu'un de très gentil. Je suis surtout quelqu'un avec qui on peut partager pleins de choses sans avoir peur d'être jugé constamment. En réalité le monde n'est pas si mauvais que ça.

{Attention aux mots employés}

Il est vrai que j'exagère beaucoup quand je dis que le monde est mauvais. Mais c'est ce que j'ai ressenti lorsque j'étais plus jeune. Quand on est jeune, on ne se rend pas forcément compte du mal que l'on peut faire aux autres. Le handicap est un sujet très sensible mais vraiment intéressant. Je dis souvent qu'on ne juge pas les gens que l'on ne connaît pas. Et même si malheureusement beaucoup de personnes jugent les autres, je ne suis pas du tout comme ça et heureusement !

{Bientôt une nouvelle vie}

Moi ça ne me dérange pas de dire que je suis une personne en situation de handicap. Je suis comme vous. J'ai simplement plus de difficultés au niveau du travail. C'est pour ça qu'en ce moment je fais des stages d'essai de deux semaines en ESAT (Établissement et Service d'Aide par le Travail) pour pouvoir y entrer un jour. Pour moi, ce serait l'idéal. J'aurai l'ESAT et l'écriture à côté. Ça me permettrait de travailler et en même temps d'écrire mes livres. C'est une vie qui me conviendra lorsque ce sera possible. Pour l'instant c'est compliqué à cause de la situation sanitaire. Mais je ne perds pas espoir pour autant. L'autre souci qu'il y a, c'est que je ne suis pas seul du tout. Il y a beaucoup de demandes de stages puis d'éventuelles admissions. Il faut que je reste patient pendant quelques mois. Le temps d'avoir des nouvelles positives.

Tous les mois, je touche l'AAH (Allocation aux Adultes Handicapés) pour me permettre de vivre. J'ai également les revenus de mes livres, mais hélas, ces derniers ne me suffisent pas pour en vivre, en tout cas pour le moment. Mais je ne perds pas espoir pour peut-être un jour, vivre de ma passion !

{Les ressentis d'une vie}

Il y a quelques années, je me demandais si être handicapé n'était pas un problème aux yeux de tous. J'avais toujours peur d'être jugé par tout le monde. Mon ressenti à ce moment-là, c'est d'avoir très peur de ce que les autres pouvaient penser. Mais heureusement je me suis très vite créé une carapace. Le but étant de me protéger face aux critiques et aux remarques de tout le monde. Pour moi, il est plus facile de juger quelqu'un en difficulté qu'une personne, dirais-je "normal". C'est plus facile de s'en prendre aux plus faibles qu'aux plus forts.

{Rester Fort}

Mais je me souviens d'une chose. C'était il y a quelques années. Quand j'étais allé voir les psychologues, quand ils m'ont dit que j'étais considéré comme travailleur handicapé et que je souffrais d'un retard mental, je n'en revenais pas. Je ne pensais pas que j'avais un handicap aussi important. Je pensais simplement avoir quelques difficultés, mais de là à devenir travailleur handicapé, je me rendais compte que c'était encore plus important que ce que je croyais. Comme quoi la vie nous joue de bien mauvais tours parfois. Mais mon handicap m'a rendu plus fort et en quelque sorte, plus mature dans ma tête. Je ne vais pas cacher que ne pas avoir de différence ne m'aurait pas gêné, mais maintenant il faut que j'apprenne à vivre avec. Et aujourd'hui j'en fais une force, pour par exemple écrire mes ouvrages. Je sais à quel point il est dur de se livrer en public, mais je vous assure que ça peut faire beaucoup de bien !

{S'assumer et continuer}

Ça ne me gêne pas que les gens sachent que je suis homosexuel, que j'ai connu beaucoup d'épreuves difficiles, que j'écris des livres et que je fais ce que j'aime même si je n'en vis pas encore. Aujourd'hui le plus important pour moi c'est d'avoir l'ESAT et l'écriture à côté. Comme ça je peux avoir un revenu stable et à la fois écrire mes livres sans me prendre la tête pour l'avenir.

{L'avenir, un sujet délicat}

Mon avenir était un sujet très difficile pour moi car je ne savais pas du tout ce que je voulais faire lorsque j'étais encore à l'école. C'était compliqué pour moi de me positionner. Le souci quand on est jeune, c'est qu'on ne sait pas forcément ce que l'on souhaite faire. Parce que se lancer dans un métier c'est pour toute sa vie. Alors il faut éviter de se tromper. Parce que faire un métier que l'on n'aime pas n'est pas valorisant pour soi, ni pour les autres. Et il est souvent très compliqué de faire toutes ces années si jamais il ne nous plaît pas ou plus. C'est pour ça que quand nous sommes jeunes, nous ne nous rendons pas forcément compte des choix pour l'avenir.

PARTIE 3

LE MONDE ARTISTIQUE

{Rechercher son art}

Pour ma part, j'ai toujours voulu faire un travail dans le monde artistique. Je réfléchissais à plusieurs reprises à vouloir devenir, par exemple, une personnalité publique sur les réseaux sociaux. Je ne savais pas du tout quel domaine artistique pouvait me convenir. Et au fil des années qui passent, j'ai commencé l'écriture. J'avais tout d'abord besoin de raconter mon histoire dans un livre. Et puis petit à petit, j'y ai pris goût. J'ai adoré l'écriture. Alors je me suis lancé dans ce domaine depuis 2018. Et aujourd'hui, je fais partie des écrivains auto-édités qui fonctionnent le mieux. Je ne pensais pas du tout en arriver là lorsque j'ai commencé. Je suis vraiment content de mon parcours !

{Le monde de l'auto-édition}

Ce que je reproche au monde artistique, c'est de ne jamais laisser une chance aux petits qui veulent devenir grands. Aujourd'hui les maisons d'édition préfèrent prendre des grands auteurs plutôt que des petits pour être sûres de vendre. Une maison d'édition est une entreprise, elle a besoin de vendre pour gagner un maximum d'argent. Ils savent qu'avec les grands auteurs qui ont une très grande communauté qui les suivent, ils sont sûrs de vendre à cent pour cent. Je trouve ça injuste de ne pas laisser une chance aux nouvelles personnes. Alors je ne mets pas tout le monde dans le même panier. Mais oui, il y a des maisons d'édition qui refusent des petits auteurs parce qu'elles ont peur que ça ne marche pas. C'est pourquoi j'ai choisi le domaine de l'auto-édition.

En auto-édition, vous pouvez tout gérer vous-même, vous n'avez personne sur le dos qui vous dit quoi faire et vous êtes libres. C'est le plus important. Et puis de mon point de vue personnel, je trouve qu'en auto-édition vous avez beaucoup plus d'œuvres originales, contrairement aux grandes maisons d'édition qui préfèrent rééditer 150 fois le même livre qu'on a déjà lu des tas de fois. C'est pour ça que j'encourage les auteurs indépendants à continuer en auto-édition. En auto-édition vous êtes vous-même contrairement aux grandes maisons d'éditions qui préfèrent mettre le logo de la maison en grand plutôt que le nom de l'auteur et le titre du livre. Après je ne me rends pas forcément compte si toutes les maisons d'édition sont pareilles, mais je sais que la plupart ne prennent plus de petits auteurs. Je trouve ça extrêmement dommage. Il y a plein de nouvelles perles à découvrir. Et c'est vraiment dommage de s'en priver.

{Toujours persévérer}

Personnellement, je sais que si un jour une grande maison d'édition m'appelle, même si je suis sûr d'avoir une visibilité énorme, je ne souhaiterais pas y aller. J'ai commencé en auto-édition, je ne vois pas pourquoi je partirai. Parce que même si je suis en rayon, la maison d'édition ne m'intéresse pas. Elles m'ont toutes refusé. Je ne vois pas pourquoi je devrais revenir vers elles parce que je vends beaucoup en auto-édition. De toute façon, les maisons d'édition ne cherchent pas une histoire originale, mais une histoire qui se vend. Donc aujourd'hui je suis sûr d'une chose, c'est de continuer et de persévérer en auto-édition pour pouvoir espérer en vivre un jour. Et même si je n'en vis pas, ce n'est pas grave. C'est déjà énorme d'avoir publié autant de livres et d'avoir fait autant de chemin. Dans 10 ans, je me dirais, c'est moi qui ai fait ça et peut être que mes livres continueront à se vendre avec le temps. Ce que je souhaite vraiment au fond de moi. Il faut que je persévère et que je reste très fort mentalement pour continuer. Il ne faut pas abandonner. Ce serait une énorme erreur, surtout avec autant de chemin parcouru.

PARTIE 4

UNE FUTURE VIE EN ESAT

{Mes expériences en ESAT}

À l'heure où j'écris ces lignes, j'ai terminé mes 2 stages d'essai en ESAT. Mon premier stage était en entretien des locaux et mon 2eme en espaces verts.

La toute première fois que je suis arrivé pour commencer mon premier stage, j'étais très stressé. Je me mettais la pression pour rien. Je tremblais et je peinais à parler. C'était tout nouveau pour moi, alors forcément je paniquais. En plus je suis quelqu'un qui stresse beaucoup de base, donc ça n'a pas arrangé les choses.

Mais mon premier stage s'est très bien passé. En revanche il y a un moment, vers la fin de mon stage, ou je me suis mis à douter de mon travail. J'ai fait une sorte de crise d'angoisse et j'ai énormément douté de moi. Ce sont des choses qui arrivent. Nous doutons forcément tôt ou tard de ce que l'on fait. C'est humain et nous devons apprendre à vivre avec. J'ai eu un moment de doute, mais la monitrice de l'atelier m'a rassuré. Et par la suite j'ai pu reprendre mon travail tranquillement comme si de rien n'était. Sur le coup, je n'avais pas compris ce qui m'arrivait. Et la monitrice a compris que je doutais. Alors elle a trouvé les mots pour m'aider.

Comme on dit, personne n'est parfait. Pour moi, le parfait n'existe pas.

En ce qui concerne mon 2eme stage, il s'est également très bien passé. J'ai toujours peur lorsque je ne connais pas. Comme tout le monde. Mais j'ai réussi à dépasser cette peur pour me lancer dans ces 2 nouveaux domaines. Après le domaine de l'entretien n'était pas forcément inconnu pour moi, car j'ai eu un cap APR (Agent Polyvalent de Restauration) il y a quelques années. Mais comme ça fait un peu plus de 3 ans que j'attends d'entrer dans cet ESAT et que je ne travaillais pas, je dois me remettre à la page doucement mais sûrement. Il faut que je reprenne un rythme et une vie normale. Mais je suis confiant car pour moi, même si j'oublie beaucoup de choses, je n'ai pas tout perdu. Il m'arrive de me rappeler certaines choses que j'avais vues en cours il y a longtemps.

Mais pour conclure, l'ESAT est l'idéale pour moi. Je pourrais travailler à mon rythme. Sans être jugé ni bousculer. Ce qui me plaît dans ce genre d'établissement spécialisé, c'est qu'il n'y a pas de jugements sur les personnes en situation de handicap. J'avais besoin de ça. J'avais besoin d'être rassuré et aider dans mon parcours professionnel afin de donner le meilleur de moi-même et prouver de quoi je suis capable au fond de moi.

J'espère sincèrement qu'un jour j'entrerai dans cet établissement. Pour moi, mais aussi pour les autres. J'ai demandé à être hébergé parce qu'il y a ce que l'on appelle un foyer d'hébergement. Ce qui me permettrait d'être hébergé directement sur place car je n'ai pas le permis de conduire.

{Il existe toujours une étincelle d'espoir
malgré les difficultés}

J'ai réfléchi et je ne souhaite pas passer le permis parce que je trouve ça trop dangereux pour moi. J'en ai également très peur. Déjà que je n'arrive pas à apprendre les tables de multiplication, alors apprendre un code avec pleins de panneaux, je ne pense pas que ce soit possible. Et conduire, je n'en parle pas… Quand je suis dans une voiture, je ne stresse pas, mais quand je suis à la place du conducteur, je me mets à paniquer. Je suis en stress et je ne suis pas du tout à l'aise. Donc je ne souhaite pas apprendre à conduire, même si je sais que c'est la liberté. Pour être honnête, je pense que la seule chose que je ne puisse pas faire dans ma vie, c'est de savoir conduire n'importe quel véhicule. Cependant, ce que je reproche aux gens quand je leur dis que je ne veux pas apprendre à conduire, c'est de me dire que c'est très facile. Alors je vais être honnête avec vous, je ne suis pas du tout d'accord avec cet argument. Par exemple, je peux très bien vous dire, c'est facile de publier 6 livres comme j'ai fait en 3 ans. Vous, vous allez me dire que c'est très compliqué, voire impossible au niveau du rythme. Alors que moi, j'ai réussi. Et vous vous permettez de me juger parce que j'ai peur de quelque chose qui peut potentiellement être très dangereux. Plus dangereux que d'auto-éditer des livres, c'est sûr. Il y en a pour qui c'est très facile et d'autres pour qui c'est impossible. Il faut apprendre à s'accepter tel que l'on est et surtout à accepter les difficultés de chacun. Donc non, ma décision est prise, je n'apprendrai pas à conduire, même si j'étais obligé. Je suis désolé, je passe un petit coup de gueule, mais en même temps si tout le monde se comporte pareil, ça devient compliqué pour moi à gérer. Il y en a qui vont réussir plus facilement que d'autres et il y en a qui ne vont pas du tout réussir. On est tous différents, que ce soit au niveau physique ou mental. Donc moi, la seule chose que je ne souhaite pas faire dans ma vie c'est d'apprendre à conduire. Je ne veux pas faire de crise d'angoisse ni être mal mentalement. Cela étant, ce n'est pas forcément une question de maturité, c'est surtout une question de confiance en soi. Je sais que dans un véhicule, si je suis à la place du conducteur, je stresse à en perdre mes moyens et je suis très mal à l'aise. Mais si je suis à la place d'un passager, je suis bien. De plus, j'entends régulièrement les gens me dire que c'est un manque de motivation. Je ne vais pas le cacher, je ne suis pas du tout mais du tout motivé pour apprendre à conduire. C'est même la pire chose que je puisse faire dans ma vie. Pour vous c'est simple, mais pour moi, c'est une montagne d'épreuves très difficiles à gérer. Donc, apprendre à conduire, ce n'est pas dans mes projets. Maintenant, je souhaite simplement rentrer en ESAT pour avoir ma propre vie. J'ai vraiment hâte que ce jour arrive. Mais il faut que je patiente encore. Je ne suis pas tout seul. Mais le jour où je serai définitivement admis, je serai très, très heureux. Comme je dis souvent, il ne faut jamais perdre espoir. Il existe toujours une petite étincelle d'espoir malgré les difficultés !

{Et après ?}

Il y a beaucoup de personnes qui me suivent sur les réseaux sociaux. J'y raconte notamment ce que je ressens. Ça peut-être des coups de gueule, des sentiments positifs ou négatifs ou encore des nouvelles que j'ai envie de donner. C'est comme un journal intime mais sur internet. Et on me demande souvent si une fois que je serais admis en ESAT je vais continuer l'écriture ou arrêter pour me consacrer qu'à mon travail. Je vais vous répondre en un mot : non. Non je ne vais pas du tout arrêter l'écriture. Je vais travailler en ESAT mais à côté je garderai cette passion. Alors oui j'aurai moins le temps d'écrire mais ce sera tout de même possible. Je vais avoir un emploi du temps avec lequel je vais devoir m'arranger pour continuer dans l'écriture. Par exemple écrire après ma journée de travail serait tout à fait faisable.

PARTIE 5

TOUJOURS BRAVE

{Écrire mes pensées}

Je n'arrive pas à parler. Je suis quelqu'un de très timide quand je suis face à des personnes, alors la seule solution que j'ai aujourd'hui c'est l'écriture. Écrire ce que j'ai sur le cœur afin d'extérioriser mes ressentis.

L'écriture est mon seul moyen pour aller mieux. Elle me permet d'être moi-même et de comprendre ce que je suis vraiment au fond de moi. C'est une très bonne chose pour me connaître mieux et connaître mon talent caché pour ce domaine.

Vous savez, je suis très gentil et très souriant. Il n'y a pas un jour où je n'ai pas le sourire même dans les moments difficiles. Je positive toujours pour me sentir mieux et apporter de bonnes ondes !

{Être fort}

Durant mon adolescence, j'ai dû faire face à pleins d'épreuves difficiles. Je suis tombé plusieurs fois mais j'ai su me relever et avancer. J'ai eu énormément de courage de ne jamais abandonner face aux difficultés. J'ai dû être très fort mentalement pour me dépasser et réussir.

Des personnes autour de moi me disent que j'ai un courage incroyable et que je suis un exemple pour beaucoup. Je suis très touché par ces mots. Je ne pensais pas être quelqu'un d'aussi important aux yeux des autres. Il y a quelques années j'étais dévasté par des obstacles que je pensais infranchissables et aujourd'hui, j'ai réussi à écrire et à auto-éditer 6 livres depuis 2018. En seulement 3 ans j'ai réussi à prouver aux autres que je suis capable de faire de grandes choses très intéressantes. Beaucoup m'encouragent à continuer pour avoir peut-être la chance de vivre de mes écrits un jour. C'est comme tout, il ne faut pas abandonner. Ce serait la pire erreur !

Dans mon entourage, j'ai la chance d'avoir des proches qui me soutiennent dans mes projets d'écriture. Pour l'instant ils ne sont pas sûrs que mes ouvrages puissent me faire vivre, mais nous verrons bien avec le temps !

{Penser à soi}

La plupart des gens que je connais n'arrêtent pas de me dire "Matthieu, pense un peu à toi et non aux autres."

J'entends cette phrase sans arrêt.

Il est vrai que je pense beaucoup trop aux autres. J'ai toujours l'impression que je passe mon temps à apporter mon aide aux personnes dans le besoin, mais comme disent les autres, je dois aussi et surtout penser à moi. Je suis la priorité. J'ai une vie et les gens doivent l'entendre. Quand je ne pense pas à moi, j'ai comme le sentiment de passer à côté de belles choses. C'est très bien de vouloir aider les autres, mais il ne faut pas que ce soit trop ni que ça me pourrisse la vie. Il faut trouver un équilibre.

Je suis comme ça. J'ai toujours besoin d'apporter quelque chose aux gens. En réalité je ne sais pas du tout pourquoi.

Aider c'est une bonne chose, mais pas tout le temps. Désormais, comme je le disais précédemment, je vais trouver un équilibre pour que je sois bien.

{Mélange de sentiments positifs}

Quand je ferme les yeux et que je suis dans mes pensées, je ressens pleins d'émotions que je ne comprends pas forcément. À un moment je suis heureux, à un autre je suis en pleure, etc…

C'est comme si mes sentiments se mélangeaient avec d'autres et que je ne savais pas vers lequel me diriger. Alors j'attends quelques minutes et je ne réfléchis à rien du tout. Il m'arrive de m'endormir mais j'évite.

Quelques instants plus tard mon sentiment est apparu. C'est celui du bonheur. Je suis heureux de mon parcours qui évolue avec le temps. Je dois être heureux, alors vous aussi, n'oubliez-pas d'être heureux !

Remerciements :

Je tiens à remercier mes proches mais également toutes les personnes qui m'ont aidé à devenir ce que j'ai toujours voulu être, écrivain. Je sais que c'est un métier très difficile et qui demande beaucoup de temps, mais je suis certain qu'avec la maturité que je vais acquérir au fil du temps, je vais réussir à écrire encore pleins d'ouvrages très intéressants !

Je souhaitais aussi remercier l'équipe de mon éditeur, BoD – Books on Demand, qui font un travail formidable chaque jour. Sans eux, rien ne serait possible.

Et enfin, merci à vous d'avoir lu ce livre. C'est mon sixième et d'autres sont en prévision. Je souhaite continuer dans l'écriture et m'épanouir dans ce domaine pour vous apporter du positif et de bonnes ondes. Un grand merci à vous !

Sommaire :

Partie 1 : Nos différences sont une richesse……………………………..… 4

Partie 2 : Mon handicap devenu une force……… ...…………..………... 11

Partie 3 : Le monde artistique …..….... 26

Partie 4 : Une future vie en ESAT.….... 32

Remerciements………………...….. 49

© 2021, Matthieu Meriot

Édition : Books on Demand,
12/14 rond-Point des Champs-Elysées, 75008 Paris
Impression : BoD - Books on Demand, Norderstedt, Allemagne
ISBN : 9782322180462
Dépôt légal : Avril 2021